PRISE DE POSSESSION

DES TRÉSORS D'ALGER.

REQUÊTE

PRÉSENTÉE

PAR M. FLANDIN,

SOUS-INTENDANT MILITAIRE DE PREMIÈRE CLASSE,

Condamné par jugement de la septième chambre du Tribunal de première instance du département de la Seine, jugeant en police correctionnelle, à un an de prison, six mille francs de dommages-intérêts, et trois mille francs d'amende, pour *dénonciation calomnieuse*, relative à la prise de possession des trésors d'Alger; ledit jugement confirmé par arrêt de la Chambre des Appels de police correctionnelle.

M. ROCHER, *Conseiller-Rapporteur.*
M.   *Avocat-Général.*

FAITS :

Le jour même de notre entrée à Alger, le 5 juillet 1830, M. le maréchal de Bourmont, général en chef de l'armée expéditionnaire d'Afrique, chargea une commission de finances, composée de MM. le maréchal-de-camp Tholozé, Dennié, intendant militaire, et Firino, payeur-général de cette armée, de prendre possession des trésors de la régence, qu'on savait être renfermés dans les caveaux de la citadelle dite *la Cassbah*.

Le même jour, les membres de cette commission reçurent les clefs de ces trésors du ministre des finances du dey d'Alger, qui en fit, avec eux, la reconnaissance locale ; ces trésors furent incontinent mis à leur disposition, et ils en prirent possession matériellement, *sans qu'aucun inventaire préalable à tout mouvement, à tout enlèvement, à toute disposition de leur contenu, fût fait en présence de ce ministre, ni ultérieurement;* opération, cependant, que la probité commandait, dont les règles toujours observées en pareil cas par l'administration des armées, faisaient un devoir à cette commission, et qui, faite par voie de pesage des espèces et des matières d'or et d'argent composant lesdits trésors, ou de cubage des capacités qui en étaient remplies, eût exigé peu de temps, et eût donné, sinon le *quantum* exact de leur importance, du moins une évaluation tellement approximative de ce *quantum*, qu'elle eût rendu impossible la soustraction d'une partie importante de ces trésors.

La tradition, des écrits anciennement publiés par des agents consulaires qui avaient été placés près de la régence d'Alger, un document officiel[1], élevaient les trésors de cette régence à plus de cent cinquante millions.

Des bruits fâcheux ne tardèrent pas à se répandre sur la manière dont la prise de possession de ces trésors avait eu lieu. Des accusations parvenues au Gouvernement leur donnèrent une telle consistance, qu'il se crut obligé de comprendre dans les pouvoirs de M. le général Clauzel, envoyé en Afrique, après les événements de juillet, pour succéder à M. le maréchal de Bourmont, celui de créer une commission d'enquête, à l'effet d'examiner les opérations de la commission de finances, et de rechercher s'il était vrai que l'on eût soustrait au préjudice de la France la plus grande partie du trésor de la régence d'Alger. L'ordre du jour (4 septembre 1830) qui annonça la création de cette commission, donna à ces accusations, en parlant des BRUITS FORTEMENT ACCRÉDITÉS DE SPOLIATION DE LA FORTUNE PUBLIQUE, un caractère de gravité qui imposait de sévères devoirs à cette commission et au pouvoir qui l'avait instituée.

M. Flandin, alors membre du corps des commissaires des guerres, fut mis à la disposition de M. le général Clauzel, par M. le ministre

---

[1] Voir à la suite de cette requête le rapport fait au Gouvernement, en 1828, par M. Deval, notre chargé d'affaires à Alger.

de la guerre, et nommé par cet officier-général membre de la commission d'enquête, et, comme tel, chargé des fonctions de rapporteur de ses actes.

La commission ouvrit ses séances le 6 septembre.

Le 8, sur la proposition de M. Flandin, elle visita les lieux où les trésors avaient existé, et fit, d'après des indications matérielles et certaines [1], le cubage des capacités qui s'en étaient trouvées remplies.

Le résultat de cette grave opération donnait une grande force aux accusations; il souleva aussitôt des mécontentements : M. Flandin éprouva une vive résistance lorsqu'il voulut, ainsi que c'était son devoir et celui de la commission, placer dans le registre des actes de celle-ci, le procès-verbal qui constatait cette opération.

Cependant la commission d'enquête dut entrer et entra dans la voie des investigations pour lesquelles elle avait été créée. Mais M. Flandin ne tarda pas à être mécontent de la direction qu'une majorité qui lui parut systématiquement et intempestivement formée, voulait donner à l'enquête. Cette direction lui parut molle, inefficace, et complaisante pour ceux qui se trouvaient compromis par les accusations parvenues au Gouvernement. Il fut péniblement surpris de l'ordre qui prescrivit à la commission de suspendre ses recherches, *avant qu'elle fût arrivée au terme de ses travaux*, et en violation de l'article 6 de l'ordre du jour qui l'avait créée; suspension qui eut lieu dix-huit jours seulement après sa création, et cinq jours après qu'elle avait indiqué, par l'un de ses actes en date du 17 septembre, sur la proposition de M. Flandin, les mesures qu'elle croyait urgent de prendre pour arriver à trouver les sommes que l'on *soupçonnait avoir été soustraites par des agents de l'armée, et exportées par eux*, ou d'après leurs ordres, *sur des places étrangères qu'elle désignait* [2], ainsi que les consuls étrangers chez lesquels *elle était informée que des dépôts d'argent et d'objets précieux avaient été faits*.

Ne pouvant s'opposer à cette brusque et intempestive suspension, M. Flandin prépara le rapport qui devait être remis par la commission à M. le général en chef Clauzel sur le résultat de ses travaux interrompus. Ce rapport, lu par lui, fut *adopté à l'unanimité*, avec éloge. Mais une majorité de quatre membres sur sept repoussa les conclusions qui en étaient la conséquence, et voulut en imposer d'autres. M. Flandin protesta contre les conclusions de cette majorité, après

[1] Reconnues telles par le sieur Dennié lui-même, dans un rapport de lui à M. le ministre de la guerre, qui est au dossier.

[2] Voir à la fin de cette requête les extraits du rapport de la commission d'enquête.

avoir prouvé, dans leur réfutation, qu'elles étaient en désaccord avec les faits que *l'unanimité* de la commission avait déclarés constants par l'adoption du rapport qui les analysait : il fit plus encore, il protesta contre l'ordre du jour du 22 octobre 1830, qui homologuait ces conclusions, et demanda formellement dans sa protestation que l'enquête fût reprise par les tribunaux, déclarant *qu'il avait recueilli de nouveaux faits postérieurement à la clôture, par voie de suspension, des recherches de la commission.*

Déjà, pendant la marche des travaux de la commission, M. Flandin avait informé MM. les ministres de la guerre et des finances de la fausse direction donnée à l'enquête, en les pressentant sur la nullité matérielle des résultats qu'elle aurait, si on ne lui imprimait pas un autre mouvement, si l'on n'entrait pas plus franchement et plus sévèrement dans la voie des investigations.

De Marseille, et à son arrivée à Paris, à son retour d'Alger, M. Flandin renouvela itérativement, auprès de M. le ministre de la guerre, sa demande pour que l'enquête fût reprise ; il appela l'attention du Gouvernement sur certains faits qu'il importait de vérifier, parcequ'il était convaincu qu'ils mèneraient à la découverte de soustractions importantes, et à l'appréciation des motifs et des résultats d'un faux matériel, ou d'altérations en ayant le caractère qui avaient été pratiquées sur l'un des procès-verbaux de la commission de finances.

Enfin, le 8 juillet 1833, M. Flandin entretint le roi de tous les faits qui viennent d'être exposés, et il les résuma dans une *note secrète* qu'il adressa à sa majesté, le 28 du même mois, d'après son autorisation.

Le 2 août 1833, cette note, et une lettre qui l'accompagnait, furent déférées à M. le procureur-général près le tribunal de première instance du département de la Seine, qui dressa un réquisitoire contre les sieurs Dennié et Firino, nominalement désignés par M. Flandin dans cette note adressée au roi, comme auteurs ou complices des soustractions considérables qui, dans son opinion, et d'après les accusations non purgées, parvenues, dès août 1830, au Gouvernement, avaient été commises dans le trésor d'Alger, au préjudice de la France, et aussi comme auteurs du faux dont il vient d'être parlé.

Le réquisitoire portait que M. Flandin serait requis de donner à la justice tous les renseignements qui pouvaient l'aider dans la recherche de la vérité sur les crimes et délits imputés aux sieurs Dennié et Firino.

Une instruction eut lieu : commencée le 9 août 1833, elle fut déclarée terminée le   décembre de la même année, et remise alors à M. le procureur du roi, qui chargea l'un de MM. les substituts de l'examiner et de préparer un réquisitoire. M. Flandin écrivit à ce magistrat, dès le mois de janvier, pour lui demander de l'entendre avant d'écrire son réquisitoire. Sa réponse fut qu'il n'avait pas encore pu terminer l'examen du volumineux dossier de la procédure, mais qu'il s'empresserait de conférer avec M. Flandin avant d'écrire son réquisitoire.

Huit mois se passèrent sans que M. Flandin pût être admis à la conférence promise, et (ce long temps et ce qui l'a suivi autorisent à le penser) sans que M. le substitut chargé de l'examen de l'information faite contre les sieurs Dennié et Firino s'en occupât.

Cependant M. le maréchal Soult quitta le ministère, et M. le maréchal Gérard lui succéda dans la double fonction de ministre de la guerre et de président du conseil.

M. Flandin vit ce dernier ministre...... Il en reçut cette étrange déclaration : « Vous avez dénoncé, accusé des hommes honorables ; « vous avez calomnié..........[1] ; vous serez attaqué en calomnie, « vous serez condamné!... » M. le maréchal Gérard fut prophète, ou bien il fut obéi.

L'inaction du ministère public cessa aussitôt. M. le substitut annonça à M. Flandin, le 8 août 1834, qu'il était prêt à le recevoir. M. Flandin vit ce magistrat le 9....; il le quitta convaincu qu'un réquisitoire favorable aux sieurs Dennié et Firino, hostile contre lui, serait le résultat de l'information faite........

Le 20 du même mois, M. le substitut remit son travail à M. le procureur du roi. Le dossier et le réquisitoire furent rendus à un juge d'instruction, successeur de celui qui avait fait l'information, et qui devait, n'ayant aucune connaissance de l'affaire, l'examiner, l'étudier, avant de faire son rapport à la chambre du conseil...... Le 30 août, c'est-à-dire, dix jours après que M. le substitut du procureur du roi eut remis son travail au parquet, parut une ordonnance de cette chambre qui, excédant sa compétence, rendant un jugement lorsqu'elle ne devait et ne pouvait rendre qu'un arrêt de non-lieu, déclara, conformément au réquisitoire du ministère public, que *les accusations étaient fausses et calomnieuses;* porta contre M. Flandin, sans preuves aucunes, sur de simples allégations faites par les prévenus, et sur des pièces dont l'information avait négligé de lui donner communication, les plus graves imputations, et admit contre lui les réserves des sieurs Dennié et Firino.

Par suite de cette ordonnance, une action en *dénonciation calomnieuse* a été intentée contre M. Flandin, d'abord par le ministère public, bien qu'il fût désintéressé dans cette action, puisqu'il y avait des parties civiles ; puis, par les sieurs Dennié et Firino, auxquels se

----

[1] Ici les convenances m'interdisent de dire jusqu'où M. le maréchal Gérard eut l'imprudence d'élever ce qu'il appelait si intempestivement *mes calomnies.*

sont joints fort illégalement quatre autres individus qui n'avaient pas été compris dans le réquisitoire de M. le procureur-général, et contre lesquels, conséquemment, il n'avait été ni pu être dirigé aucune poursuite, aucune accusation formelle n'ayant d'ailleurs été portée contre eux.

Cette action a eu le résultat que les adversaires de M. Flandin s'en étaient promis. M. Flandin a été condamné, le 5 décembre 1834, par jugement de la septième chambre du tribunal de première instance jugeant en police correctionnelle, ledit jugement confirmé par arrêt de la Cour royale de Paris, chambre des appels de police correctionnelle, en date du 14 février 1835, à un an de prison, trois mille francs d'amende et six mille francs de dommages-intérêts, comme *s'étant rendu coupable du délit de dénonciation calomnieuse*, prévu par l'article 373 du Code pénal, en imputant aux sieurs Dennié et Firino le crime de concussion, et celui d'un faux en écritures authentiques.

M. Flandin s'est pourvu en cassation.

Avant d'entrer dans l'énumération des moyens de cassation, nous devons fixer d'une manière précise le point où nous pensons que commence pour la Cour suprême le droit de soumettre à son contrôle les allégations de l'arrêt attaqué.

Sans doute la Cour n'a point à examiner si tel fait matériel que l'arrêt déclare constant, a ou n'a pas eu lieu; sans doute elle n'a point à se demander non plus si le fait matériel reconnu constant présentait tel ou tel caractère moral que l'arrêt a cru y trouver; car, outre que ce caractère moral ne ressort, contre M. Flandin, que d'allégations, d'inductions, de suppositions, et de pièces apocryphes contre lesquelles, à bon droit, M. Flandin a protesté, la moralité d'un fait dépend de mille circonstances que le juge du fait a seul le droit d'apprécier [1]; elle est légalement soustraite à l'examen de la Cour régulatrice, par cette seule considération.

Mais son droit d'examen commence immédiatement après cette déclaration que le fait matériel existe revêtu de n'importe quel caractère moral, et avant cette autre déclaration que le fait ainsi apprécié constitue tel ou tel délit prévu par la loi pénale. Cette limite est celle, en effet, où les circonstances particulières à l'espèce cessent d'influer sur la solution de la question, à tel point que la question même pourrait être présentée sous la forme d'un problème géométrique : L'existence

---

[1] Ce n'est pas ici, pour M. Flandin, le lieu d'examiner si les premiers juges ont usé de ce droit avec justice, avec discernement. Ce devoir qu'a tout homme qui se croit injustement attaqué dans sa moralité, M. Flandin le remplira ailleurs : il se doit à lui-même de le remplir; il le doit à sa famille, à ses amis, aux personnes qui l'honorent de leur estime, qui prennent intérêt à sa cause.

(7)

et la moralité d'un fait étant données, décider s'il constitue tel délit prévu par la loi criminelle.

Si nous examinons d'après ces principes, aujourd'hui incontestables, le jugement du 5 décembre 1834, et l'arrêt du 14 février 1835, peut-être il nous sera facile de démontrer que leurs motifs, quelque développés qu'ils soient d'ailleurs, ne peuvent les soustraire à la censure de la Cour suprême.

L'article 373 du Code pénal, dont il est fait l'application, est ainsi conçu :

« Quiconque aura fait par écrit une dénonciation calomnieuse « contre un ou plusieurs individus, aux officiers de justice ou de po- « lice administrative ou judiciaire, sera puni, etc. »

Ainsi pour que la peine portée par cet article soit applicable, il faut la réunion de cinq circonstances :

1° Qu'il y ait dénonciation ;

2° QU'ELLE SOIT CALOMNIEUSE ;

3° Qu'elle soit faite par écrit ;

4° Qu'elle soit dirigée contre un ou plusieurs individus ;

5° QU'ELLE SOIT FAITE A UN OFFICIER DE JUSTICE OU DE POLICE ADMI-NISTRATIVE OU JUDICIAIRE.

Qu'une seule de ces circonstances manque au fait incriminé, et ce fait cesse de constituer le délit caractérisé par l'article 373 du Code pénal. Dans l'espèce, et sans examiner si en effet la prétendue dénonciation fut calomnieuse, il manquait deux de ces cinq conditions.

Notre premier moyen de cassation se trouve ainsi divisé naturellement en deux branches :

1° Fausse application de l'article 373, en ce qu'il n'y avait pas dénonciation ;

2° Fausse application de l'article 373, en ce que la révélation n'avait pas été adressée à des officiers de la qualité voulue par cet article, mais bien au Gouvernement, c'est-à-dire, au roi et à ses ministres, et par un homme revêtu du caractère de fonctionnaire public.

PREMIER MOYEN DE CASSATION.

VIOLATION DES ARTICLES 31 ET 47 DU CODE D'INSTRUCTION CRIMINELLE.

Il n'y a pas eu, dans l'espèce, de dénonciation. Et d'abord que faut-il entendre par le mot *dénonciation* dans l'article 373? Doit-il être pris avec l'acception qu'il a dans le langage ordinaire, en telle sorte que toute révélation calomnieuse, faite par écrit devant les officiers désignés, constitue la dénonciation que punit l'article?

Ou bien faut-il, au contraire, lui donner l'acception qu'il a dans le langage du droit, en telle sorte que la révélation qui remplit les conditions prescrites par la loi puisse seule être considérée comme une dénonciation donnant lieu à l'application de la peine?

La discussion qui eut lieu au conseil-d'état, sur l'article 373 du Code pénal, nous paraît rendre simple et facile la solution de ces questions. (Voyez LOCRÉ, *Législation civile et criminelle*, tome XXX, pages 406 et 491.)

La première rédaction qui fut présentée au conseil, portait (article 308) : « Quiconque aura fait par écrit une dénonciation calom-« nieuse contre une ou plusieurs personnes, soit au Gouvernement, « soit aux officiers, etc. ... » Or, ces mots, *soit au Gouvernement*, furent retranchés de l'article, et voici sur quelles observations ils le furent.

L'archi-chancelier Cambacérès, dans la séance du 19 novembre 1808, s'exprima ainsi : « Le mot *gouvernement* est trop vague. Si « on entend parler des révélations qui sont faites à l'empereur ou à « ses ministres, il n'y a pas de peine à établir contre ceux qui les font, « parcequ'elles ne peuvent jamais exposer à des poursuites injustes les « personnes qui en sont l'objet; car on ne leur donne suite que quand « elles sont reconnues fondées. Il n'y a que les dénonciations adres-« sées aux officiers de police qui soient dangereuses, si elles sont « dictées par la calomnie, attendu que le ministère de ces officiers « étant forcé, il ne leur est pas possible de ne pas instruire pour vé-« rifier les faits. C'est donc à ces dernières dénonciations qu'on doit « borner l'effet de l'article. »

M. de Ségur dit, que « les dénonciations faites aux ministres ne « doivent être considérées que comme de simples renseignements. »

L'article fut adopté, en retranchant les mots : *soit au Gouvernement*.

Est-il possible de formuler d'une manière plus nette le principe que, pour qu'il y ait dénonciation, il ne suffit pas qu'il y ait eu simplement révélation calomnieuse, et qu'il faut en outre que cette révélation ait été de telle nature, qu'elle ait forcé l'officier qui la recevait à poursuivre le dénoncé?

Or, où se trouve la disposition de la loi qui oblige l'officier de police judiciaire à poursuivre, quand il reçoit une dénonciation? Elle est dans l'article 47 du Code d'instruction criminelle, qui est ainsi conçu :

« Le procureur-du-roi, instruit par une dénonciation qu'il a été « commis, dans son arrondissement, un crime ou un délit, *sera* « *tenu* de requérir le juge d'instruction, d'ordonner qu'il en soit in-« formé, etc. »

Et maintenant comment croire que, quand le législateur rédigeait cet article 47, il n'avait pas en vue l'article 31, dans lequel il venait de dire que les dénonciations seraient toujours revêtues de telles et telles formes? Et quand ces deux articles, si voisins l'un de l'autre, ne se fussent pas ainsi expliqués, par leur rapprochement même, cette prérogative que l'article 47 accorde au simple citoyen de forcer l'action de la justice, et de prendre momentanément une sorte de caractère public, n'était-elle pas assez exorbitante pour donner au législateur le droit d'exiger que le citoyen qui veut s'en prévaloir manifestât sa détermination et engageât sa responsabilité dans certaines formes authentiques? N'était-il pas nécessaire que l'acte qui obligeait la justice à agir, et la déchargeait de toute la responsabilité de l'action, fût revêtu de quelques formalités? et les formalités de l'article 31 n'ont-elles pas ce double objet, d'une part, de constater que l'action de la justice a été forcée, et de l'autre, que le dénonciateur a acheté ce droit en se soumettant à l'application de l'article 373 du Code pénal, SIL AVAIT SCIEMMENT FORCÉ LA JUSTICE A POURSUIVRE UN INNOCENT?

La Cour suprême a consacré cette doctrine dans son arrêt de cassation du 3 décembre 1819 (SIREY, 20, 1, 98), par lequel elle a décidé que les formalités de l'article 31 du Code d'instruction criminelle n'ayant pas été observées, il n'y a pas de dénonciation, et partant, pas de dénonciation calomnieuse.

Nous savons que dans quelques arrêts de rejet, la Cour de cassation a paru s'écarter de ces principes; nous savons aussi qu'un abus funeste s'est établi dans la pratique, et que les officiers de police judiciaire ne se montrent que trop disposés à mettre leur responsabilité à couvert derrière tous les renseignements quelconques qui leur sont adressés, et dont ils s'épargnent la peine de vérifier l'exactitude. Mais nous savons aussi qu'une pratique qui a pour effet de multiplier les poursuites aveugles, de compromettre publiquement des réputations qui devaient rester pures, et d'amener sur les bancs de la police correctionnelle maint individu que la passion a poussé à des calomnies destinées à rester secrètes, et qui reçoivent de la justice un éclat qui les rend irréparables et irrémissibles; nous savons, dis-je, qu'une pratique aussi abusive ne saurait trouver grâce devant la Cour régulatrice, et que cette Cour trouvera dans le vœu du législateur si nettement formulé au conseil d'état, une raison suffisante pour ramener dans ses justes limites la prérogative que l'article 47 accorde aux citoyens.

Dans l'espèce, on ne trouve pas un seul acte qui ait eu pour effet d'obliger la justice à poursuivre, pas un seul qui soit revêtu des formalités de l'article 31; d'où il suit que l'arrêt et le jugement qui ont fait à ces actes l'application de l'article 373 du Code pénal ont violé les articles 31 et 47 du Code d'instruction criminelle; et, comme nous allons l'établir, il se trouve même que les actes qui ont, non pas forcé, mais motivé les poursuites contre MM. Dennié et Firino, n'étaient pas même adressés à des officiers de police judiciaire.

C'est ici la seconde branche de notre premier moyen de cassation : *Les prétendues dénonciations n'étaient pas adressées à des officiers de police ou de justice.*

Les révélations faites par M. Flandin sont divisées par l'arrêt du 14 février en deux parties nettement séparées : l'une, qui comprend tous les actes antérieurs aux poursuites dirigées contre ceux qu'il avait accusés; l'autre, qui embrasse tous les actes par lui faits pendant le cours de ces poursuites.

Le simple bon sens indique que ceux-là seuls qui ont précédé les poursuites ont pu les amener, et que les dénonciations se placent nécessairement toutes dans la première des deux périodes distinguées par l'arrêt. C'est, d'ailleurs, ce qui est reconnu par l'arrêt lui-même en ces termes : « Considérant que ces dénonciations ont été les éléments des « premières poursuites qui ont été dirigées contre les membres de la « commission de finances comme auteurs des spoliations signalées par « Flandin. »

Veut-on savoir maintenant quels sont les actes qui, aux yeux de la Cour de Paris, constituent des dénonciations passibles de la peine portée en l'article 373 du Code pénal? Le voici, et nous copions encore l'arrêt : c'est « une correspondance suivie de M. Flandin avec les « *fonctionnaires supérieurs de l'ordre administratif.* » Ces fonctionnaires ne sont autres que le ministre de la guerre et des finances, dont les trois membres de la commission de finances et M. Flandin lui-même étaient les subordonnés.—Et ne semble-t-il pas que le législateur prévoyait précisément l'espèce qui se présente, lorsqu'au conseil d'état il déclarait « qu'il n'y avait pas de peine à établir contre ceux qui adressent « leurs révélations à tout fonctionnaire qui n'est pas officier de justice « ou de police, et particulièrement aux ministres, parce que, comme « on ne donne suite à ces révélations que quand on les reconnaît fon-« dées, elles ne peuvent jamais donner lieu à des poursuites injustes « contre ceux qui en sont l'objet, et qu'en conséquence les dénoncia-« tions adressées aux ministres ne doivent être considérées que comme « de simples renseignements. »

L'arrêt et le jugement que nous attaquons nous paraissent ici aller trop directement contre l'intention expresse de la loi, en même temps que contre son texte, pour que nous fassions ressortir autrement la fausse application de l'article 373 du Code pénal.

Et nous ne chercherons pas non plus à démontrer que la dénonciation qui n'existait pas quand les poursuites contre MM. Dennié et

Firino ont commencé, n'a pu prendre naissance pendant le cours de ces poursuites.

D'abord, la Cour s'assurera que la justice instruisait sur l'accusation de faux quand la lettre du 18 octobre 1833 a été écrite au procureur du roi, et que même M. Flandin avait déjà été interrogé *comme témoin* sur ce faux imputé à MM. Dennié et Firino, comme il le rappelle lui-même au commencement de cette lettre.

Ensuite, nous croirions faire insulte au bon sens de la Cour si nous cherchions à prouver qu'il n'est au pouvoir de personne de dénoncer à la justice un crime que la justice poursuit; que celui qui n'a fait qu'obéir à une citation à lui donnée comme témoin, n'a ni le droit ni la faculté de se porter dénonciateur du fait sur lequel il a déposé; que toute spontanéité disparaît en présence d'une injonction de justice (80, Instruction criminelle); qu'en supposant même qu'il se laissât, sans protester, qualifier de dénonciateur, son silence prouverait tout au plus qu'il partage l'erreur du juge qui lui donne cette qualification, mais ne saurait certainement lui conférer une qualité qu'il n'avait pas; que sa position sera bien meilleure encore, si, comme dans l'espèce, il a constamment repoussé cette qualification, et protesté contre elle [1]; qu'un témoin, dont les accusés démentent les allégations, peut très-bien écrire au procureur du roi et au juge d'instruction pour attester qu'il n'a dit que la vérité, et pour répéter et préciser ses imputations; qu'il peut très-bien indiquer au juge (et que même c'est là un de ses devoirs) les témoins qu'il sait avoir eu, comme lui, connaissance du fait sur lequel la justice informe; enfin, qu'il peut très-bien correspondre directement avec ces témoins pour leur dire qu'il a allégué tel fait, que l'accusé l'a nié, et qu'il les prie de déclarer si le fait est vrai ou faux; nous ne chercherons pas, disons-nous, à prouver que tout cela est dans son droit de témoin, et ne lui confère en aucune manière la qualité de dénonciateur, qualité qu'il n'est ni en son pouvoir de prendre ni au pouvoir de personne de lui donner, quand il ne l'a pas régulièrement et formellement revêtue avant le commencement des poursuites, et dans le but de forcer la justice à poursuivre : . . . . . . ce sont là des notions de simple bon sens et des principes élémentaires qui nous donnent le droit de repousser comme insignifiants dans l'espèce, comme contraires à l'article 80 du Code d'instruction criminelle, et comme étant sans liaison aucune avec le dispositif de l'arrêt et du jugement, tous les motifs qui ne portent que sur les actes faits par M. Flandin pendant le cours des poursuites.

[1] Voir à la fin de cette requête la lettre de M. Flandin, en date du 20 avril 1834, au procureur du roi. — Voir aussi, au dossier, la réserve par laquelle il a terminé sa déposition générale.

DEUXIÈME MOYEN DE CASSATION.

FAUSSE APPLICATION DE L'ARTICLE 373 DU CODE PÉNAL, ET VIOLATION DE L'ARTICLE 29 DU CODE D'INSTRUCTION CRIMINELLE.

L'article 373 du Code pénal ne s'applique pas aux avis donnés à la justice par des fonctionnaires; car l'article 29 du Code d'instruction criminelle est ainsi conçu :

« Toute autorité constituée, tout fonctionnaire ou officier public
« qui, dans l'exercice de ses fonctions, acquerra la connaissance d'un
« crime ou d'un délit, sera tenu d'en donner avis sur-le-champ au
« procureur du roi,... et de transmettre à ce magistrat tous les ren-
« seignements, procès-verbaux et actes qui y sont relatifs. »

Ainsi le fonctionnaire n'est pas, comme le simple particulier (article 30 du Code d'instruction criminelle), obligé de ne dénoncer que les délits qu'il a vus, il doit donner avis au procureur du roi de tous ceux dont il a acquis (article 29) ou cru acquérir la connaissance. Révélateur par état, il se trouve particulièrement dans la position où se trouve accidentellement le simple citoyen provoqué par l'autorité à donner des renseignements ; circonstance qui, aux termes de l'arrêt de cassation du 3 décembre 1819, exclut la spontanéité, qui est un des caractères essentiels et nécessaires de la dénonciation ; et la loi a sagement fait, par conséquent, de ne soumettre le fonctionnaire qui s'est borné à déclarer qu'il a cru acquérir la connaissance d'un attentat, mais qui n'a pas prétendu en avoir été le témoin, qu'à la responsabilité purement civile et toute spéciale de la prise à partie. Aussi tous les auteurs sont-ils d'accord avec la jurisprudence pour décider qu'un avis de fonctionnaire n'est pas une dénonciation, et, par suite, qu'il est dispensé des formes de l'article 31 du Code d'instruction criminelle. C'est d'ailleurs ce qui résulte de la discussion de l'article 358 au conseil d'état (voir LOCRÉ, *Législation civile et criminelle,* tome XXIV, page 280), où Treilhard disait: « Qu'il était hors de doute
« qu'il ne peut jamais y avoir recours contre les autorités qui ont dé-
« noncé, et que, si elles ont agi méchamment et calomnieusement,
« l'accusé les prend à partie. »

M. Flandin était-il fonctionnaire, était-ce dans l'exercice de ses fonctions qu'il avait acquis ou cru acquérir la connaissance des crimes dont il a donné avis, non au procureur du roi, mais au gouvernement, aux ministres? Sur ce point le doute même n'est pas permis; car :

1° M. Flandin était commissaire des guerres lorsqu'il fut mis par

M. le ministre de la guerre, à la disposition de M. le maréchal Clauzel pour faire partie de la commission d'enquête;

2° C'est dans l'exercice de ses fonctions comme membre rapporteur de cette commission, qu'il a acquis la conviction que les accusations de spoliation du trésor d'Alger parvenues au gouvernement en août 1830, et qui avaient fait sentir le besoin de faire une enquête, étaient fondées.

3° C'est pendant le cours des investigations de cette commission que M. Flandin a écrit à MM. les ministres de la guerre et des finances pour les informer de la mauvaise direction que l'on s'efforçait de donner à l'enquête [1].

4° C'est à ce titre qu'il a protesté contre les conclusions de la majorité qui, contrairement au rapport adopté à l'*unanimité*, et contrairement à la lettre si grave, si explicite qui avait été écrite à M. le général en chef Clauzel en lui envoyant ce rapport [2], repoussaient les accusations auxquelles la prise de possession des trésors d'Alger avait donné lieu;

5° C'est à ce titre qu'il avait protesté contre l'ordre du jour du 22 octobre 1830, qui, homologuant ces conclusions, portait que les trésors d'Alger *avaient en entier profité à la France*;

6° C'est encore et toujours à ce titre qu'arrivé à Marseille, et de retour à Paris, il a si souvent et officiellement demandé, en 1830, et toujours inutilement, que l'enquête suspendue à Alger fût reprise par les tribunaux;

7° C'est étant sous-intendant militaire en pleine activité de service, que M. Flandin a entretenu le roi, en juillet 1833, de toutes les circonstances relatives à la prise de possession des trésors d'Alger, des accusations *non purgées* qui avaient forcé le Gouvernement à faire faire une enquête; c'est étant revêtu de cette qualité qu'il a adressé à sa majesté la lettre et la *note secrète* qui ont fait la base du réquisitoire de M. le procureur-général contre les sieurs Denniée et Firino ; de ce réquisitoire portant que *M. Flandin sera requis de donner à la justice tous les renseignements qui pourront l'aider dans la recherche de la vérité sur les faits, délits ou crimes y énoncés.*

Or, nous le répétons sur ce point, sur cette question : M. Flandin était-il dans l'exercice de ses fonctions, lorsqu'il acquit ou crut acquérir la connaissance des crimes dont il a donné avis au Gouvernement en 1830? Était-il fonctionnaire public lorsqu'il en a entretenu le roi dans une audience et dans une note secrète en 1833? Sur ce point, disons-

---

[1] Ses lettres sont au dossier.
[2] Voir cette lettre à la suite de cette requête.

nous, la raison et les faits repoussent le doute ; et l'arrêt lui-même répond à ces deux questions et les résout affirmativement.

« Considérant, dit-il, qu'*aussitôt que* la commission d'enquête, *dont* « *Flandin avait fait partie*, eut rendu sa décision... Flandin dont les « *fonctions* avaient cessé en même temps que celles de tous les mem- « bres de la commission d'enquête, dans une correspondance suivie « avec les fonctionnaires supérieurs de l'ordre administratif, ne se « borna pas à contester les travaux de cette commission d'enquête, « mais qu'il signala l'existence de dilapidations importantes, imputa- « bles à MM. Tholozé[1], Dennié et Firino, spoliations qui auraient été « effectuées dans l'intérêt personnel de ces deux derniers ; considérant « que ces dénonciations ont été les éléments des premières poursuites « qui ont été dirigées contre MM. Tholozé, Dennié et Firino, etc...[2].

Ainsi, M. Flandin était bien fonctionnaire ; sa qualité de membre de la commission d'enquête lui conférait indubitablement ce titre. En second lieu, c'est bien dans l'exercice de ses fonctions qu'il avait acquis la connaissance des crimes qu'il a signalés, puisque c'est aussitôt après la décision de la commission d'enquête et la suspension de ses travaux, que M. Flandin conteste ces travaux mêmes, et accuse dans sa note secrète MM. Dennié et Firino, non de dilapidation, mais d'avoir, au profit de tiers ou d'eux-mêmes, et au préjudice du trésor public de la France, soustrait une grande partie des trésors d'Alger, concouru ou participé à sa soustraction.

Ainsi nul doute que, d'après l'arrêt lui-même, l'avis donné par M. Flandin ne remplît toutes les conditions voulues par l'article 29, pour être un avis de fonctionnaire, et non une dénonciation.

Vainement l'arrêt dit-il que les avis de Flandin ont été donnés après la cessation de ses fonctions. D'abord, comme nous l'avons vu, les renseignements qu'il a donnés pourraient n'être plus un avis de fonc- tionnaire, et n'être pas encore une dénonciation, puisqu'il a fait au Gouvernement et non aux officiers de police judiciaire les révéla- tions auxquelles l'arrêt et le jugement ont donné cet odieux caractère ; mais, en outre, la cessation de ses fonctions ne dispense nullement un fonctionnaire de l'obligation que lui impose l'art. 29 de donner avis à l'autorité des crimes dont il a acquis la connaissance pendant leur exercice, et cela est tout simple : c'est dans l'intérêt général que cette

[1] Il y a ici un faux. Loin d'avoir compris M. le général Tholozé dans les accusa- tions exprimées dans ma note secrète adressée au roi, dans cette note, comme dans tout ce que j'ai écrit, j'ai mis M. le général Tholozé en dehors de ces accusations.

[2] Il n'a point été ni pu être dirigé de poursuites contre M. le général Tholozé, puisqu'il n'est pas compris dans le réquisitoire de M. le procureur général, seul acte judiciaire qui ait ordonné des poursuites.

obligation lui est imposée, et cet intérêt subsiste après sa révocation avec toute sa force. L'obligation était née pour M. Flandin quand il était fonctionnaire, puisque la connaissance du crime lui était parvenue dans l'exercice de ses fonctions ; cette obligation, il a dû, il a pu l'accomplir, même après sa révocation, et sans encourir pour cela une responsabilité de simple particulier.

Ainsi c'est bien un avis de fonctionnaire que M. Flandin donnait aux ministres sur des crimes dont il croyait avoir acquis la connaissance dans l'exercice de ses fonctions ;

Et cependant, si nous nous reportons au passage de l'arrêt que nous avons cité, nous verrons que c'est cet avis de fonctionnaire que l'arrêt qualifie de dénonciation pour arriver à lui appliquer la peine portée à l'article 373 du Code pénal ; . . . il y a donc ici violation formelle de l'article 29 du Code d'instruction criminelle.

TROISIÈME MOYEN DE CASSATION.

FAUSSE APPLICATION DE L'ARTICLE 373 DU CODE PÉNAL, EN CE QUI CONCERNE LES PARTIES CIVILES.

L'arrêt dit que des poursuites ont été dirigées contre M. Tholozé comme l'un des auteurs des spoliations signalées par M. Flandin, et contre Sellières, Haguermann et Heath, comme ayant favorisé ces spoliations.

Si cela est vrai, si MM. Tholozé, Sellières, Haguermann et Heath se plaignent d'avoir été calomnieusement dénoncés, la loi et la jurisprudence constante de la Cour de cassation les obligent à rapporter l'acte judiciaire qui les a déclarés innocents du fait qu'on leur imputait. . . . . Ils ne le feront pas, par cette simple raison, que jamais il n'y a eu de dénonciation faite contre eux, et que jamais ils n'ont été en butte à aucunes poursuites ; s'ils ont été entendus par un juge d'instruction, ç'a été comme témoins et non comme prévenus, car ils ne furent mis en prévention par aucun réquisitoire de M. le procureur-général.

Ce principe, que celui-là qui a été reconnu innocent par un acte judiciaire antérieur, peut traduire son dénonciateur devant la police correctionnelle, ce principe a donc été violé ; et c'est encore là un motif de plus pour casser l'arrêt attaqué.

Et qu'on ne dise pas que ce n'est pas comme ayant été personnellement dénoncés, mais comme ayant souffert un préjudice de la dénonciation dirigée contre d'autres qu'eux, que MM. Tholozé, Sellières, Haguermann et Heath ont été parties en cause ; indépendamment

de ce que cela est formellement contraire au texte de l'arrêt, il y aurait
là une autre violation de la loi ; car il ne saurait dépendre de l'officier
de police judiciaire qui dirige l'instruction, d'étendre ainsi à son gré
le préjudice causé par la dénonciation, et l'obligation pour le dénonciateur de le réparer. — Aussi les personnes dénoncées ont-elles seules
droit à des dommages-intérêts devant le tribunal correctionnel.

En résumé, il y a eu fausse appréciation des communications faites
au Gouvernement par M. Flandin, et de son intervention auprès de la
justice ;

Et, par suite, fausse application de l'article 373 du Code pénal,
parcequ'il a été formellement entendu au conseil d'état que la peine
portée par cet article ne frapperait que la dénonciation qui aurait en-
levé aux officiers de police ou de justice le droit de vérifier les faits
avant de les poursuivre ;

Que le rapprochement des articles 47 et 31 du Code d'instruction
criminelle ne permet pas de penser qu'en accordant dans l'article 47
cette prérogative exorbitante à la dénonciation, le législateur n'ait pas
eu en vue la dénonciation formelle et authentique qu'il venait de
définir dans l'article 31 ; . . . . et que, dans l'espèce, la dénonciation
n'était pas formelle, et n'obligeait pas à poursuivre : d'où il suit qu'il
y a eu violation des deux articles 31 et 47 du Code d'instruction criminelle.

Fausse application encore de l'article 373 du Code pénal, en ce que
la prétendue dénonciation a été adressée aux fonctionnaires supérieurs
de l'ordre administratif, c'est-à-dire, aux ministres, qui ne sont ni
officiers de justice, ni officiers de police administrative ou judiciaire.

Fausse application encore de l'article 373 du Code pénal, en ce que
M. Flandin étant fonctionnaire public, l'avis officiel qu'il donnait à la
justice de faits par lui découverts dans l'exercice de ses fonctions était
pour lui un devoir d'état, et le constituait d'autant moins dénonciateur
de ces faits qu'ils faisaient partie de ceux compris dans sa déposition
générale : d'où il suit que l'arrêt a violé l'article 29 du Code d'instruction criminelle.

Fausse application, enfin, du même article, en ce que quatre des
six parties civiles n'avaient pas réellement été dénoncées par M. Flandin ;
d'où la conséquence que le tribunal de police correctionnelle aurait
dû, ainsi que la Cour d'appel, repousser leur action, et dans tous les
cas refuser de leur allouer des dommages-intérêts.

Par tous ces motifs, l'exposant conclut à ce qu'il plaise à la Cour
suprême casser le jugement et l'arrêt rendus contre lui les 5 décembre
1834 et 14 février 1835, par la septième chambre du tribunal de
première instance jugeant en police correctionnelle et la Cour d'ap-

pel, en motivant son arrêt sur ce que les lettres, notes et mémoires adressés par lui au Gouvernement, les dépositions et lettres remises ou écrites par lui aux magistrats et officiers de police judiciaire[1], *par suite des réquisitions auxquelles il était soumis par le réquisitoire de M. le procureur-général*, ne contiennent pas la dénonciation légale, la dénonciation telle qu'elle est définie et caractérisée par la loi sur la matière.

L'exposant croit devoir joindre à sa présente requête, la copie et les extraits de pièces, actes et documents qui sont passés inaperçus dans le réquisitoire sur l'information faite contre les sieurs Dennié et Firino; dans l'ordonnance de la chambre du conseil; en première instance et en appel; dans les rapports et plaidoiries du ministère public.

Si l'exposant fait ces communications à la Cour suprême, ce n'est pas qu'il pense qu'elle peut examiner la cause au fond; car il sait que telle n'est pas sa compétence : il les joint à sa requête, parceque, à côté de la question de droit, dont la solution ne peut être que la cassation du jugement qui l'a frappé, il y a une question d'oubli ou d'erreur judiciaires, et de moralité, qui veut être appréciée, et dont la solution prête une nouvelle force aux moyens de cassation qui sont développés dans la requête.

ACCUSATIONS.

Ce sont celles parvenues au Gouvernement qui le déterminèrent à créer la commission d'enquête dont le soussigné fut membre tenant la plume, ou rapporteur. L'ordre du jour qui la créa donna de la publicité à ces accusations, en mentionnant LES BRUITS FORTEMENT ACCRÉDITÉS DE SOUSTRACTIONS COUPABLES, qui avaient fait croire à la nécessité de la création de cette commission.

Postérieurement, M. le ministre des finances, homologuant ces accusations, les proclama à la face de la France et de l'Europe, à la séance de la Chambre des Députés, du 18 septembre 1830. En présentant une loi de finances, ce ministre dit :

« Une somme de 55,186,900 francs est imputable à l'expédition « d'Alger. Cette expédition paiera à-peu-près les frais qu'elle aura « coûté; MAIS ELLE AURAIT PRODUIT BIEN AU-DELA DE CETTE SOMME *si* « *la probité des agents eût été plus générale.* . . . »

[1] Le juge d'instruction et le procureur du roi.

ÉVALUATION DES TRÉSORS DE LA RÉGENCE D'ALGER.

1° M. le général Berthezène, qui fut l'un des généraux de l'expédition, et puis gouverneur d'Alger, a dit dans son livre : *Dix-huit mois à Alger*, page 109 :

« Le consul d'Angleterre assura M. de Bourmont qu'il trouverait au « moins cent cinquante millions sous les voûtes de la Cassauba. »

Le général en chef aimait à faire connaître la destination qu'il assignait à tant de richesses [1] :

1° Rendre en entier les frais de l'expédition ;
2° Payer l'arriéré de la Légion-d'Honneur ;
3° Créer des pensions pour les anciens chevaliers de Saint-Louis ;
4° Donner une gratification à l'armée.

2° Le cubage fait en présence des membres de la commission d'enquête, le 8 septembre 1830, des capacités qui ont été reconnues s'être trouvées remplies d'espèces monnayées et de matières d'or et d'argent, lorsque les clefs des trésors furent remises aux agents français, a donné :

Pour l'or, 4 mètres 469 millièmes, cubes ;
Pour l'argent, 34 mètres 407 millièmes, cubes.

Or, toutes réductions faites pour la différence du plein au vide, et pour l'alliage, attendu que ces nombres de mètres cubes s'entendent d'espèces monnayées pour la presque-totalité, et non d'une masse solide d'or ou d'argent :

Pour l'or, cent dix-neuf millions. 119,000,000
Pour l'argent, trente-trois millions. . . . 33,000,000

En tout. 152,000,000

Or, le trésor public de France a reçu moins de 49 millions ! ! !

3° D'après une déposition faite le 9 octobre 1833, cotée au dossier,

[1] Un aussi noble emploi de la plus grande partie des trésors d'Alger n'aurait pas, en droit constitutionnel, justifié M. de Bourmont d'en avoir disposé sans le concours de la législature. Mais qui donc aurait osé mettre en accusation le conquérant d'Alger, dont toute l'armée, une corporation entière, et sans doute aussi l'opinion publique (qui pardonne si facilement les actes irréguliers, lorsqu'ils expriment une pensée noble et généreuse, pure de toute improbité), auraient embrassé la défense ? Si la partie soustraite de ces trésors est, comme cela est prouvé par un acte authentique qui existe au dossier [1], venue en France, qui l'a eue ? quel emploi d'utilité publique, ou de rémunération nationale, en a-t-on fait ?

[1] La déposition du sieur Caze, page 19 de cette requête.

cent trente-sixième pièce, par M. le chef-de-bataillon du génie, Guy, qui avait exécuté l'opération du cubage dont il vient d'être parlé, le premier ministre du bey de Tunis a dit à cet officier, en présence de quatre autres officiers, et de M. Lesseps, notre consul-général à Tunis, qui lui servait d'interprète, que le trésor d'Alger contenait au moins cent cinquante millions lorsqu'il fut mis à la disposition des agents français. En entendant ce ministre élever si haut l'importance de ce trésor, dit M. Guy, « je me récriai, et dis que l'on n'avait trouvé que « quarante-huit millions..... le ministre se mit à sourire, et ajouta : « Cent cinquante millions avant les affaires....... les généraux, les « Français........ ce qui avait l'air de dire que les Français avaient « dissimulé une partie du trésor. »

4° Extrait du rapport que M. Deval, notre consul-général à Alger, reçut ordre d'adresser au gouvernement pour lui faire connaître les moyens d'attaquer Alger, et les richesses en tous genres que l'on y trouverait, rapport qu'il envoya à tous les ministres le 26 février 1828 :

« Les trésors que les pirateries des Algériens ont rassemblés dans « cette ville depuis trente ans, s'élèvent à trente millions de piastres « fortes en or et en argent monnayés (environ cent soixante millions « de francs) et à vingt millions de piastres fortes en diamants (environ « cent sept millions). Ils furent transportés en 1817 sous les yeux de « tout Alger, des caves du palais de la ville à la citadelle; L'EXPORTA- « TION DE CES TRÉSORS EST RECONNUE IMPOSSIBLE; ILS DOIVENT RESTER A « LA DISPOSITION DU VAINQUEUR. »

La France a reçu moins de 49 millions en espèces monnayées d'or et d'argent, y compris environ cinq millions conservés à Alger pour les besoins de l'armée.

Que seraient devenus les cent millions et plus qu'elle n'a pas reçus?

Les dépositions suivantes qui ont été reçues par l'information faite contre les sieurs Dennié et Firino, et qui existent au dossier, répondent à cette question, par induction pour une partie; implicitement pour le tout; explicitement sur la question de savoir s'il y eut, oui ou non, des soustractions d'une partie de ces trésors.

Première déposition, faite le 25 septembre 1833, par le sieur Caze, ancien secrétaire du gouvernement d'Alger, près de M. le général en chef et gouverneur Clauzel, dont il redit les entretiens; laquelle existe au dossier de l'information sous le numéro 142.

« D. Avez-vous dit au sieur Flandin que des exportations considéra- « bles d'espèces provenant des trésors de la régence d'Alger avaient « été faites en Angleterre et en France, pour le compte de MM. Den

« nié et Firino? Est-il vrai que vous ayez dit tenir ces détails de M. le
« maréchal Clauzel?

R. « J'ai dit à M. Flandin que je croyais qu'il avait été fait des expé-
« ditions de fonds par l'entremise du sieur Schneider et autres ; j'ai dit
« que ces expéditions étaient faites sur France par Marseille ; mais je
« n'ai pas dit que ce fût pour le compte de MM. Dennié et Firino :
« j'ai pu dire en avoir parlé avec M. le maréchal Clauzel.

D. « Pouvez-vous rappeler précisément ce que vous avez appris sur
« ce fait dans vos conversations avec M. le maréchal Clauzel?

R. « Dans mes conversations avec M. le maréchal Clauzel sur l'af-
« faire de l'enquête, M. le maréchal m'a dit QU'IL ÉTAIT POSITIF QUE
« DES ENVOIS DE FONDS avaient été FAITS EN FRANCE; et sur mon obser-
« vation que ces fonds avaient pu provenir d'une autre source que
« celle indiquée par les soupçons qui s'étaient élevés, il me répondit
« *qu'il avait été expédié en France des fonds* PROVENANT DES SOUSTRAC-
« TIONS COMMISES DANS LE TRÉSOR D'ALGER, ET QU'IL POUVAIT ÊTRE HEU-
« REUX POUR CERTAINES PERSONNES QUE L'ENQUÊTE FUT TERMINÉE[1].

D. « Quel sens M. le maréchal Clauzel attribuait-il à ces dernières
« paroles, et quelles personnes pensez-vous qu'elles concernassent?

R. « Je crois qu'il entendait parler que *certaines personnes avaient*
« *soustrait partie du trésor d'Alger, et qu'elles devaient s'estimer heureuses*
« *de n'être pas poursuivies*[2]. Mon opinion personnelle sur la désigna-
« tion de ces personnes, opinion qui pourrait bien être celle de M. le
« maréchal Clauzel, c'est que le général Bourmont aurait eu mission
« du Gouvernement d'alors de mettre de côté des fonds pour la cas-
« sette de Charles X.

D. « Sur quoi se fonde votre opinion sur ce dernier fait?

R. « Sur des demi-confidences que m'a faites le sieur Fourmont, an-
« cien secrétaire de M. Bourmont ; j'ai eu occasion de le voir en fé-
« vrier 1832.

D. « Que vous a dit sur ce fait M. Fourmont?

R. « Je dois dire que le sieur Fourmont ne m'a jamais positive-
« ment déclaré qu'il eût été mis de côté des sommes importantes[3] pour
« le compte de Charles X ; mais je me rappelle parfaitement avoir

---

[1] Est-ce donc pour cela que M. le maréchal Clauzel a suspendu intempestivement les recherches qui étaient l'objet de l'enquête commencée à Alger, alors même
que cette enquête prenait un certain caractère de gravité? En la suspendant, a-t-il
exécuté un ordre reçu, ou agi arbitrairement?

[2] Quelles pouvaient être ces personnes, sinon les agents administratifs qui ont pris
possession du trésor d'Alger? et qui en avait les clefs, sinon les sieurs Dennié et Firino?

[3] Qu'importe? Le fait qui résulte des confidences reçues, c'est qu'il a été mis de
côté, c'est-à-dire, soustrait des sommes quelconques du trésor d'Alger, au préjudice
de la France. *(Notes de M. Flandin.)*

« reçu de lui cette confidence que, postérieurement à la révolution
« de juillet, M. Bourmont, voulant éviter à lui et à ses amis[1] les dés-
« agréments de la reprise de l'enquête commencée en 1830, avait
« promis à une personne une somme très considérable pour dissuader
« cette personne de solliciter du garde des sceaux la reprise de cette
« affaire. . . . .

D. « Je vous invite, dans l'intérêt de la justice, à nommer cette per-
« sonne.

R. « Je dois dire que M. Fourmont m'a nommé M. Flandin.

D. « Par l'intermédiaire de qui croyez-vous qu'aient été faites les
« expéditions de fonds que, dans votre opinion, vous croyez avoir été
« destinés pour le roi Charles X, alors régnant ?

R. « Je réponds que je crois que cela a été par l'intermédiaire im-
« médiat du sieur Schneider, ET AVEC LA PARTICIPATION et non pour
« le compte des SIEURS DENNIÉ ET FIBINO.

D. « Comment supposez-vous que le sieur Schneider, simple agent
« de la maison Sellières, ait pu faire transporter en France les fonds
« soustraits ?

R. « Le sieur Schneider avait à sa disposition tous les transports de
« l'armée, comme représentant la maison Sellières, chargée de l'entre-
« prise de toutes les fournitures de toute l'expédition.

D. « Croyez-vous qu'il se soit sciemment prêté au transport de ces
« fonds ?

R. « Je n'en sais rien.

D. « A quelle somme évaluez-vous la quotité, au moins approxi-
« mativement, des fonds que le roi Charles X se serait réservés sur le
« trésor d'Alger ?

R. « J'ai à cet égard une conviction intuitive qui n'est fondée sur
« aucun fait, et qui me porte à croire que, sans la révolution de juillet,
« les transports de fonds pour la destination indiquée[2] auraient été
« beaucoup plus considérables[3]. Je les évalue, sans toutefois avoir de

[1] A LUI ET A SES AMIS !... c'est-à-dire, nécessairement aux agents qui avaient exécuté l'ordre de *mettre de côté*, de soustraire une partie du trésor d'Alger. Il est faux
que M. de Bourmont m'ait jamais, ni promis, ni fait payer aucune somme. L'offre
de trois cent mille francs qui me fut faite à mon retour d'Alger, est du fait de la maison Sellières, représentée par un sieur Schneider, et du sieur Fourmont, conjointe-
ment. M. de Bourmont y fut, quant à ce qui me concerne, complétement étranger.

[2] Par ces mots, *la destination indiquée*, entend-on Charles X, ou la France ? Je
crois ne dire rien que de vrai en disant que ce prince n'a pas profité de ceux des
fonds soustraits à Alger, que cette déposition dit avoir été exportés en France,
soit directement par Marseille, comme le dit le sieur Caze, soit indirectement par
la voie de l'étranger, ainsi que la commission d'enquête l'a établi dans son procès-
verbal du 17 septembre 1830.

[3] Tous les fonds soustraits étaient sortis d'Alger avant les événements de juillet.

« donnée, à sept à huit millions[1]. Il me semble, mais je n'en suis pas
« bien sûr, que j'en ai parlé de cette manière avec M. le maréchal
« Clauzel.

D. « En quoi pouvait consister la coopération volontaire de
« MM. Dennié et Firino dans le fait de ces expéditions? en quoi ont-
« ils pu s'y prêter?

R. « JE N'AI PARLÉ QUE DE LEUR PARTICIPATION INDISPENSABLE, PUIS-
« QU'ILS AVAIENT LES CLEFS DE LA RÉGENCE.

D. « Pourquoi ne nommez-vous pas, avec ces deux fonctionnaires,
« le général Tholozé, qui avait les mêmes pouvoirs qu'eux?

R. « Parceque je crois que le général Tholozé ne s'occupait de cette
« affaire que pour signer les procès-verbaux, et que d'ailleurs je pense
« qu'il envisageait sa responsabilité sous un autre rapport.

D. « Croyez-vous que MM. Dennié et Firino aient coopéré sciem-
« ment *à ces expéditions frauduleuses de fonds?*

R. « Ces fonctionnaires ont pu croire que le Gouvernement d'alors
« exigeait d'eux ces envois particuliers pour la cassette de Charles X.

D. « Que croyez-vous que sont devenus les sept à huit millions que
« vous supposez avoir été soustraits?

R. « Je rappellerai mes souvenirs à cet égard . . . . . . ou plutôt je
« déclare que je n'en sais rien.

D. « Quelle est votre opinion personnelle?

R. « Avec la destination que je donne à ces fonds, il serait possible
« qu'ils eussent servi à fomenter des troubles dans les intérêts de la
« dynastie déchue. »

M. Caze, dans une lettre qu'il a écrite à M. le maréchal Clauzel pour
lui annoncer qu'il avait fait cette déposition importante, dit que,
placé sous la religion du serment, il a dû dire la vérité. Ainsi, par cette
lettre, qui est au dossier, il confirme sa déposition, que M. le maréchal
Clauzel n'a pas contredite. Le silence de cet ancien gouverneur d'Alger, qui créa la commission d'enquête, son silence dans cette grave
circonstance est un acte de probité qu'il faut placer en regard de l'ordre
qu'il donna de suspendre les recherches de cette commission, dix-huit
jours après sa création, et qui allége pour M. le maréchal Clauzel, en
la faisant peser sur d'autres encore que sur lui, la responsabilité morale

Ce n'est pas une chose prouvée que ces évènements aient empêché l'arrivée en
France d'une grande partie de ces fonds.

[1] Sept à huit millions! Quelle absurdité, si l'on entend par là tous les fonds soustraits! Les présomptions recueillies élèvent à plus de dix fois cette somme le mon-
tant des soustractions. Qu'est devenue la somme, n'importe laquelle, que le dépo-
sant, organe et écho de M. le maréchal Clauzel, dit avoir été importée en France?
Le secret de l'attaque en dénonciation calomnieuse qui a été dirigée contre moi
est dans cette question.

de cette inexplicable... j'allais dire de cette coupable sus, ...ion " ne enquête que l'on ne voulut pas reprendre, malgré mes ité instances, alors qu'elle eût pu être utile au pays. Peut-être, en v. que je joins la déposition du sieur Caze à ma requête, pressera-t-on M. le maréchal Clauzel de la démentir. J'espère qu'il n'aura pas cette faiblesse; dans tous les cas, ainsi que je le dis dans mon *appel à l'opinion publique* : il est trop tard.

Déposition du sieur Pagès, capitaine au 66ᵉ régiment d'infanterie de ligne, faite le 3o novembre 1833, pièce cotée au dossier n° 223ᵉ.

« Le 6 juillet 1830, j'étais de garde dans le palais de la Cassauba, où le premier
« bataillon du 49ᵉ régiment, auquel j'appartenais alors, comme lieutenant, venait
« de relever un bataillon du 6ᵉ régiment d'infanterie de ligne. J'entendis quelques
« soldats de ce dernier bataillon, et dont je ne connais pas les noms, dire que les
« deux compagnies qui étaient préposées à la garde du trésor, et qui se trouvaient
« dans la cour, avaient été employées pendant la nuit précédente à transporter de
« l'or et de l'argent hors de la forteresse. Je ne me rappelle pas si l'on me désigna par-
« ticulièrement ces deux compagnies. J'ai la certitude de n'avoir pas dit que l'or et
« l'argent avaient été transportés à l'état-major du 6ᵉ régiment ou ailleurs. On ne me
« donna aucune explication à cet égard. J'ignore si d'autres militaires ont, comme
« moi, recueilli les propos que j'entendis à cette époque, et que j'ai depuis répétés à
« M. Flandin, sous-intendant militaire. Je suis dans l'impossibilité d'indiquer les
« noms des sous-officiers et soldats qui peuvent avoir concouru aux soustractions
« précitées [1]. »

Il n'a été dressé aucun inventaire des trésors préalablement à l'enlèvement de ce qu'ils contenaient.

Extrait du rapport de la Commission d'enquête, chapitre 3.

« . . . . Et d'abord, pénétrée de ce sentiment pénible
« que la France entière a éprouvé aux premiers soupçons d'infidélité dirigés contre
« des individus de l'armée, aux premières accusations de déprédations qui se sont
« fait entendre, la Commission s'est demandé si l'administration de l'armée avait

[1] Ce sont nécessairement ceux des deux compagnies dont il est parlé dans cette déposition. Or j'en ai donné les contrôles à l'époque du 1ᵉʳ juillet 1830, et j'ai demandé que ceux qui les composèrent fussent mandés à Paris et interrogés : ils ne l'ont été ni à Paris ni ailleurs, ce qui n'a pas empêché un magistrat de dire que l'on avait entendu tous les témoins que j'avais indiqués.

« pris toutes les mesures, observé toutes les régles qui pouvaient la mettre à l'abri
« des soupçons, en même temps qu'elles auraient été comme la sauve-garde des in-
« térêts du Gouvernement.

« Il est une loi que la prudence et la loyauté ont dictée, et qui s'observe tou-
« jours dans les prises de possession des trésors et des magasins saisis sur l'ennemi :
« c'est celle qui veut qu'une autorité du pays conquis, ou un agent commis par elle,
« fasse toujours partie des commissions instituées pour consommer cette prise de
« possession, assister aux inventaires, les signer, en recevoir une ampliation qui
« opère et régularise la décharge des comptables des pays conquis, et constitue
« responsable celui qui opère la recette.

« D'après ce principe, dont on essaierait en vain d'éluder l'application à l'opéra-
« tion dont il s'agit ici, le ministre des finances du dey d'Alger, ou un autre offi-
« cier de la trésorerie commis par lui, eût dû assister non seulement à la reconnais-
« sance et à la saisie des trésors de la régence, mais encore à l'inventaire, de quel-
« que manière qu'il dût être fait, de toutes les matières et espèces d'or et d'argent
« que ces trésors contenaient. A-t-on requis la présence de cet agent indispensable ?
« rien ne le constate, et les procès-verbaux nombreux de saisie et de pesage de ces
« matières et espèces établissent, au contraire, que l'un et l'autre ont été faits par
« les seuls agents français.

« Cet oubli des premières régles de la responsabilité est grave. La Commission
« considère comme un de ses devoirs de le constater.

« Ensuite les commissaires, au nombre de trois, ont-ils toujours été présents aux
« opérations, au nombre de trente-deux, qui sont constatées par les procès-verbaux
« de la Commission de finances? C'est avec peine que la Commission a reçu des
« déclarations nombreuses qui établissent le contraire. Ainsi la seconde des condi-
« tions qui pouvaient attirer sur ces actes la confiance du Gouvernement aurait été
« violée. »

Extrait de l'ouvrage de M. le général Berthezène, déjà cité, page 127.

« L'administration négligea le devoir rigoureux de constater par un inventaire
« les quantités et qualités des magasins * repris à Alger ; *et cette négligence coupable*
« *favorisa plus tard des soustractions au détriment du trésor......* »

Altérations pratiquées dans un procès-verbal, ayant tous les caractères d'un faux, et qui ont eu po*ur* résultat de déduire une somme
de 1,113,600 francs de celle qui y avait été primitivement portée.

* Mauvaise locution. Par *des magasins* il faut entendre les marchandises et denrées si considérables que ces magasins si nombreux contenaient. Les soustractions ont aussi là été considérables. (Voir cet ouvrage.)　　　　　　　　　　　　　　　　　*(Note de M. Flandin.)*

Extrait de la collection des procès-verbaux de la Commission de finances qui prit possession des trésors de la régence d'Alger.

« Le 26 juillet, après la levée des scellés, la Commission réunie a fait continuer
« le pesage des fonds destinés à être envoyés en France. Successivement dix-huit
« mille trois cent soixante-huit kilogrammes d'argent d'Espagne (piastres colonalas)
« ont été pesés et renfermés dans deux cent quatre-vingt-sept sacs contenant chacun
                           12800
« soixante-quatre kilogrammes net d'argent, lesquels 18368 kilogrammes d'argent,
                                     deux
« à raison de deux cents francs par kilogramme, représentent une somme de trois
  millions cinq cent soixante mille francs
« millions six cent soixante-treize mille six cents francs. Les deux cent quatre-vingt-
« sept sacs, ficelés et cachetés, resteront en dépôt dans le trésor de la régence
« jusqu'à leur envoi en France. Après cette opération, ses portes ont été fermées,
« les scellés ont été apposés de nouveau, et la Commission s'est retirée après avoir
« signé le présent procès-verbal.
  « Je dis : Deux cents sacs pesant douze mille huit cents kilogrammes, et représentant une somme de deux
« millions cinq cent soixante mille francs. »

                                « THOLOZÉ, FIRIXO, S*** DEXXIÉ. »

Extrait du rapport de la Commission d'enquête sur ce procès-verbal.

« En poursuivant le cours de ses investigations, la Commission s'est fait remettre
« par M. le payeur général Firino, la minute des procès-verbaux qui ont été rap-
« portés par la Commission de finances. Elle y a remarqué, sous la date du 26 juil-
« let, une étrange irrégularité, des ratures, des surcharges, des grattages, des in-
« terlignes, évidemment faits après la signature de cet acte par les trois commis-
« saires; *circonstances qui donneraient au procès-verbal du 26 juillet tous les caractères*
« *d'un faux acte,* ainsi qu'on va le voir, si ceux qui l'ont signé ne pouvaient pas
« expliquer d'une manière satisfaisante les contradictions que cet acte présente. »
« . . . ."
« La Commission a reçu des explications qui lui ont été données par l'un de ses
« membres, M. Fougeroux [1], inspecteur général des finances, et qui tendraient à
« établir que le nombre de kilogrammes pesés, celui des sacs remplis, et la somme
« que les uns et les autres représentent, sont, non pas ceux qui se lisent en toutes
« lettres dans le corps du procès-verbal, mais bien ceux qui ont été interlignés de
« la huitième à la douzième ligne du procès-verbal, et répétés dans les trois lignes

[1] Ainsi ce fut un membre de la commission d'enquête, ce fut l'un des juges des opérations
de la commission de finances, qui, bien que deux des membres de cette dernière commission
fussent encore présents à Alger, se porta le défenseur de ceux dont il avait la mission d'examiner la conduite, l'avocat, le défenseur des actes qui étaient soumis aux investigations de la
commission d'enquête !   (*Note de M. Flandin.*)

« ajoutées après la clôture et la signature de cet acte, et qui attribueraient à une
« erreur toute la rédaction primitive de cet acte. »

« Ces lignes qui suivent les mots : *Je dis*, ne paraissent pas à la Commission avoir
« le caractère d'opportunité et de vérité que l'on voudrait leur prêter. »

*Lettre écrite à M. le général en chef Clausel, alors gouverneur d'Alger, par la Com-
mission d'enquête, en lui envoyant le rapport sur le résultat de ses recherches inter-
rompues, rédigé et lu par M. Flandin, son rapporteur, le 30 septembre 1830, et
adopté par elle à l'unanimité, avec éloge.*

« Alger, 30 septembre 1830.

« Monsieur le général en chef,

« La Commission d'enquête créée à l'effet de rechercher s'il était vrai, ainsi que
« des *bruits fortement accrédités* l'ont établi, que des soustractions coupables ont eu lieu
« lors et pendant la prise de possession des trésors de la régence, qu'il y a eu des
« spoliateurs de la fortune publique et de la fortune des particuliers ; cette Com-
« mission s'est constituée le 5 de ce mois. Sa mission était difficile, et la tâche
« qu'elle avait à remplir, pénible. Arrivée au terme de l'une, elle croit avoir accom-
« pli l'autre avec sagesse, persévérance et impartialité, autant que lui en a donné
« les moyens le peu de temps qu'il lui a été permis de lui consacrer [1]. Elle serait
« heureuse que ses travaux pussent donner la preuve que les accusations parvenues
« au Gouvernement furent toutes calomnieuses ; elle le serait encore, si, forcée de
« reconnaître que tout et de la part de tous, dans les circonstances importantes
« sur lesquelles ses investigations ont dû s'étendre, ne fut pas *probité*, *vigilance*,
« précaution, régularité, elle pouvait, remplissant un devoir rigoureux, signaler,
« avec l'assurance de ne pas se tromper, les hommes que ce soupçon doit atteindre,
« auxquels une justice sévère peut adresser le reproche de n'avoir pas rempli tous
« leurs devoirs ; si elle pouvait sur-tout vous dire, monsieur le général en chef : *Là
« sont les millions que l'on peut croire avoir été soustraits à la fortune publique.* Tel
« n'est pas, tel n'a pu être le résultat des recherches de la Commission d'enquête [2] :
« *Ajouter aux soupçons qui ont fait croire à la nécessité de sa création, une masse de*

[1] À peine dix-huit jours ! Créée le 4 septembre, elle a été suspendue le 22.

[2] Il eût probablement été tel que l'on avait d'abord eu l'air de désirer qu'il fût, si l'on n'eût
pas arrêté le cours de ses recherches, si on l'eût aidée, protégée dans son action, au lieu de
la suspendre intempestivement.

« présomptions, une série de preuves morales et de documents qui provoqueront
« des investigations, des poursuites étrangères à sa compétence, voilà tout ce qu'elle
« peut faire pour justifier la confiance dont vous l'avez honorée. Elle va, ainsi que
« vous le lui avez ordonné par votre ordre du jour du 4 de ce mois, vous présenter
« dans un rapport l'analye de ses travaux, et mettre sous vos yeux, pour chacun
« des points qui furent soumis à ses investigations, son opinion et les conclusions
« qui en sont la conséquence. » (*Suit le rapport.*)

Extrait des procès-verbaux de la Commission d'enquête.

« Le 17 septembre, la Commission, à propos des vingt-huit caisses remplies d'or
« dont une déposition lui avait appris l'expédition d'Alger sur Gibraltar, a écrit à
« monsieur le général en chef Clausel : « La Commission saisit cette occasion pour
« vous dire que si, comme on le soupçonne, des sommes considérables ont été
« distraites des trésors de la Cassauba par divers individus appartenant à l'armée,
« ces individus auront tenté de les mettre à couvert, en les expédiant ou faisant ex-
« pédier sur des places étrangères. En conséquence, elle pense qu'il y a urgence de
« faire, par l'intermédiaire de la police de France, et par celle locale des ambas-
« sadeurs et consuls dans ces places, les recherches les plus secrètes, les informations
« les plus exactes. La Commission pense que ces places sont : Cadix, Gibraltar,
« Palma, Mahon, Livourne, Gênes, Naples, Malte, Carthagène; et en France,
« Toulon, Marseille, Lyon, Paris, etc. »
Le même jour la Commission écrivait encore au général en chef : « La Commis-
« sion est informée que des dépôts d'objets précieux et d'argent ont été faits chez les
« consuls étrangers à Alger, et notamment chez ceux d'Angleterre, de Danemarck,
« de Sardaigne, par des individus appartenant à l'armée. » Elle proposa un mode
d'agir pour savoir la vérité, et en quoi ces dépôts consistèrent. Aucune mesure
ne fut prise.

L'existence au dossier judiciaire des pièces et extraits d'actes que
je viens de placer à la suite de ma requête était sans doute suffisante
à la mise en accusation des sieurs Dennié et Firino, et sur-tout à mon
renvoi de la plainte en dénonciations calomnieuses qu'ont portée
contre moi le ministère public, ces agents et leurs consorts. Il n'en a
pas été ainsi : j'ai été condamné, et l'on a osé, en présence de ces
pièces, en présence des extraits du rapport de la commission d'enquête, et de sa lettre à M. le général en chef Clauzel, et sur-tout en
présence de la déposition si explicitement accusatrice du sieur Caze,

on a osé dire dans le jugement, et répéter dans l'arrêt de confirmation :

1° Que j'avais accusé les sieurs Dennié et Firino, sachant bien qu'ils étaient innocents ;

2° Que j'ai été de mauvaise foi en les accusant d'avoir commis des soustractions dans le trésor d'Alger, d'avoir pratiqué sur l'un de leurs procès-verbaux des altérations ayant le caractère d'un faux !!!.....

Lettre écrite à M. le procureur du roi DESMORTIER, en réponse à la sienne du 18 avril 1834.

Paris, le 20 avril 1834.

MONSIEUR LE PROCUREUR DU ROI,

Dans la lettre que vous m'avez fait l'honneur de m'écrire le 18 de ce mois, en réponse à celle par laquelle je vous ai prié de me délivrer une attestation constatant que je suis intervenu comme témoin, à votre réquisition, dans l'instruction qui a eu lieu par suite de mes communications au roi sur les affaires d'Alger ; dans cette lettre, vous avez employé des expressions qui manquent d'exactitude, et qui qualifient d'une manière blessante la démarche que j'ai faite auprès de sa majesté confidentiellement, trois ans après l'avoir formulée inutilement dans mes rapports officiels avec les ministres de 1830.

Le mot DÉNONCIATION est deux fois employé dans cette lettre, et j'ai quelque raison de m'en étonner.

La magistrature est et doit être environnée de trop de respect pour qu'elle ne doive pas éviter avec soin de qualifier autrement qu'ils ne doivent l'être les actes qui lui sont déférés.

Dans les affaires dont il s'agit quelles ont été mes démarches, mes actes? Vous le savez : ils ont été des communications que j'ai faites au roi, d'abord verbalement, le 8 juillet dernier; puis dans une note confidentielle, le 28 du même mois, note dont, par une sollicitude bien étrange, vu sa tardiveté, on a eu l'imprudence de saisir le parquet.

En quelle qualité ai-je parlé, ai-je écrit au roi? en qualité de fonctionnaire public.

Or, M. le procureur du roi, un fonctionnaire public, qui fait des révélations verbales ou écrites, à titre confidentiel ou même autrement, ce fonctionnaire ne dénonce pas; il révèle, il informe, il éclaire, il remplit un devoir pénible que lui impose son caractère : sa démarche ne peut ni ne doit être flétrie par l'emploi du mot *dénonciation*; et, soit que le Gouvernement use de sa révélation, comme on a semblé vouloir le faire trois ans après la consommation des faits révélés; soit qu'il n'y réponde pas et la mette au néant, comme on l'a fait en 1830, malgré mes itératives instances pour que les tribunaux fussent saisis; dans l'un comme dans l'autre de ces deux cas, il ne doit peser sur ce fonctionnaire qu'une sorte de responsabilité : celle de l'exactitude des faits qu'il a portés à la connaissance du Gouvernement ou de la justice. Or, j'accepte pleinement cette espèce de responsabilité[1]; mais je repousse la qualification de dénonciation que l'on aurait donnée à des communications qui furent purement confidentielles, et à l'égard desquelles je n'ai consenti à m'expliquer devant M. le juge d'instruction, que parcequ'il y aurait eu une sorte de lâcheté à ne pas le faire en présence de ma lettre écrite au roi et de la note secrète qui y était jointe,

---

[1] J'entends ici la responsabilité telle que le législateur l'a définie à l'égard des fonctionnaires publics, et non pas celle qui résulte de l'article 373 du Code pénal.

que ce magistrat me représentait, et en présence de la publicité que l'indiscrétion de certains bureaux ministériels avait donnée à ces deux pièces et à leur envoi au parquet.

Dans votre lettre du 18 vous parlez, M. le procureur du roi, « des « *dilapidations prétendues* des trésors de la Cassauba . . . . » Cette expression employée par vous me provoque à une explication.

Selon l'académie, il faut traduire le mot *prétendu* par ceux-ci : *faux, supposé, douteux.*

Si vous avez entendu, en l'employant, qu'il était douteux qu'il y eût eu des dilapidations d'une grande partie des trésors d'Alger, je n'ai rien à dire, d'abord parceque je ne peux ni ne dois prétendre à vous faire partager mes convictions ; puis, parceque je sais que le parquet ne peut admettre comme vraies des accusations sur lesquelles la justice n'a pas encore prononcé, des accusations sur lesquelles celui-là même qui les proclama dans un ordre du jour ne permit pas (chose étrange ! et qui autorise de fâcheux soupçons) qu'une enquête commencée à Alger fût continuée ; des accusations, enfin, que l'on ne voulut pas, à Paris, à mon retour d'Alger, déférer aux tribunaux, ainsi que je le demandai itérativement et officiellement. Je n'ai rien à dire contre l'emploi de cette expression : *prétendues,* si tel est le sens que vous y attachez, parceque je connais et j'apprécie la réserve dans laquelle le parquet doit se tenir à cet égard.

Mais si cette expression impliquait l'opinion que les accusations de dilapidation qui furent accueillies par le gouvernement en août 1830, et formulées par moi à mon retour d'Alger, sont *fausses, supposées* ; dans ce cas je serais forcé de protester contre une semblable opinion, qui anticiperait sur un jugement légal, ou sur celui de l'opinion publique, auquel je crains que l'on ne me force d'avoir recours.

Les accusations dont j'ai entretenu le roi arrivèrent au gouvernement en août 1830; elles motivèrent la création d'une commission d'enquête dont je fus rapporteur. De graves circonstances, des faits constatés par les premiers travaux de cette commission, leur donnèrent de la force; d'autres faits, d'autres circonstances, dont j'ai déposé, sont venus les fortifier encore; et le refus que le gouvernement fit, en 1830, de remettre aux tribunaux le soin de terminer l'enquête commencée, est peu propre à les affaiblir.

Dans cet état des choses, qualifier de *prétendues* les dilapidations qui furent dénoncées par tous autres que par moi, et trois ans avant que j'en entretinsse le roi, c'est une manière de préjuger une question sur laquelle la vérité, que l'on ne voulut ni connaître, ni constater, n'a pu sortir d'une instruction entreprise aussi tardivement, et sans avoir été protégée, aidée, éclairée, par les mesures de précaution et de discrétion que le cas, un cas si grave exigeait que l'on prît, et que j'ai vainement indiquées; vérité qui ne jetterait quelques-unes de ses clartés que dans des débats judiciaires *qui seraient si fâcheux pour d'autres encore que pour les prévenus*, ou dans des publications que je serais forcé de faire, si une ordonnance de non-lieu constatait, proclamait autre chose que l'absence des preuves suffisantes à une mise en accusation, autre chose que la faiblesse des témoignages trop tardivement recherchés.

J'ai cru, monsieur le procureur du roi, devoir au caractère dont je suis revêtu de vous adresser sur les expressions : *dénonciations, dilapidations prétendues*, qui ont trouvé place dans votre lettre, les explications que je rassemble ici, et que je vous prie de faire joindre au dossier de la procédure. J'ai de votre impartialité et de votre raison une trop haute opinion pour craindre que ces explications soient mal accueillies par vous.

Recevez, je vous prie, monsieur le procureur du roi, l'assurance de ma haute considération.

Signé : Le sous-intendant militaire, ancien rapporteur de la commission d'enquête d'Alger,

FLANDIN.

Or je le demande; comment, d'après cette lettre, qui est au dossier, des juges ont-ils pu se croire autorisés à dire que *j'avais accepté formellement la qualité de dénonciateur?* Il y a dans cette déclaration, une étrange erreur, une évidente inexactitude; et c'est cependant là un des moyens, et le principal entre tous ceux employés pour me condamner, sur lesquels les juges en première instance et en appel ont appuyé ma condamnation comme *dénonciateur calomnieux ! ! !*

Le sous-intendant militaire, ancien rapporteur de la commission d'enquête d'Alger,

FLANDIN.

IMPRIMERIE DE JULES DIDOT L'AINÉ,
N° 4, boulevart d'Enfer.

www.ingramcontent.com/pod-product-compliance
Lightning Source LLC
LaVergne TN
LVHW020451060726
842525LV00005B/1655